Federico García Lorca

Canciones y poemas para niños

Ilustraciones de Daniel Zarza

sp an
PRESS
Building a Bridge
Between Cultures

**Canciones y poemas
para niños**

© Herederos de Federico García Lorca

SpanPress®, Inc, 1997
5722 S. Flamingo Rd. #277
Cooper City, Fl 33330

ISBN# 1-887578-59-5

Impreso en España. - Printed in Spain
Imprime: Castuera Industrias Gráficas, S.A.
2 3 4 5 6 7 8 9 10 CA 02 01 00 99 98

A LOS LECTORES

Sonrisa abierta, fácil, constante; ojos redondos, brillantes que miran al mundo con infinita curiosidad y amor; juguetones y alegres. Así suelen ser los niños. Así fue Federico García Lorca. Vivió sus primeros años en el campo, en Fuente Vaqueros, un pueblecito próximo a Granada; aprendió música muy pronto, junto a su madre, y nunca perdió esa alegría de niño feliz que corretea de la mañana a la noche por un pequeño jardín familiar.

Federico siempre conservó estas imágenes primeras, por eso sus poemas serían más tarde una gran fiesta de color y de música. Una fiesta maravillosa a la que todos están invitados, incluso los niños.

Porque uno de los rasgos más peculiares de la rica personalidad de Lorca fueron sus amistades infantiles. *Tuvo muchos amigos niños y a ellos dedicó algunos de sus poemas, y las deliciosas* Canciones para niños *que éstos cantan con placer prendidos en el hechizo de su magia verbal. Tras los nombres de las dedicatorias están los hijos de otros escritores, sus hermanas y las amigas de éstas. Otras veces los niños serán protagonistas del poema, como en los titulados «El niño mudo» o «Escuela». Para divertirles organizaba funciones de títeres que eran una pequeña obra maestra. Él mismo escribía el argumento, diseñaba los trajes, realizaba los decorados y, si era preciso, no dudaba en componer la música. Estas representaciones mostraban ya su interés por el teatro para el que más tarde escribiría unas obras fascinantes.*

Esta relación fecunda entre Lorca y los pequeños tiene otra vertiente que nos conduce a las fuentes de su poesía. Su entusiasmo por las canciones de cuna, los primeros poemas que oyen los niños, le llevó a viajar por muchos pueblos de España recogiendo directamente letras y música. No era el único poeta de su tiempo que admiraba el lenguaje y el arte del pueblo, pero sí uno de los que con más genio supo incorporar formas populares a su poesía.

Y ahora nos encontramos ya ante los poemas. La selección ha sido laboriosa porque es imposible decidir cuál es el mejor. Todos los poemas de Lorca despiertan en nosotros sentimientos y emociones y nos ayudan a ver cosas que sólo los poetas ven. Algunos están muy cerca de las canciones de corro, otros son modernos romances o una adaptación popular, y algunos otros requieren una mayor madurez, pues su comprensión lógica puede escapar a los lectores más pequeños que, sin embargo, gustarán igual de cantarlos conmovidos por la musicalidad de sus hermosas imágenes.

Encontraréis varias páginas en blanco a lo largo del libro. Esperan un poema o un dibujo vuestro, sugerido por la lectura, que harán más personal este libro.

Felicidad Orquín

3

Canciones para niños

A
la maravillosa niña
Colomba Morla Vicuña
dormida piadosamente
el día 8 de agosto de 1928

CANCIÓN CHINA EN EUROPA

A mi ahijada Isabel Clara

La señorita
del abanico,
va por el puente
del fresco río.

Los caballeros
con sus levitas,
miran el puente
sin barandillas.

La señorita
del abanico
y los volantes,
busca marido.

Los caballeros
están casados,
con altas rubias
de idioma blanco.

Los grillos cantan
por el Oeste.

(La señorita,
va por lo verde.)

Los grillos cantan
bajo las flores.

(Los caballeros,
van por el Norte.)

CANCIONCILLA SEVILLANA

A Solita Salinas

Amanecía
en el naranjel.
Abejitas de oro
buscaban la miel.

¿Dónde estará
la miel?

Está en la flor azul,
Isabel.
En la flor,
del romero aquel.

(Sillita de oro
para el moro.
Silla de oropel
para su mujer.)

Amanecía
en el naranjel.

CANCIÓN TONTA

Mamá.
Yo quiero ser de plata.

Hijo,
tendrás mucho frío.

Mamá.
Yo quiero ser de agua.

Hijo,
tendrás mucho frío.

Mamá.
Bórdame en tu almohada.

¡Eso sí!
¡Ahora mismo!

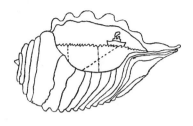

CARACOLA

A Natalita Jiménez

Me han traído una caracola.

Dentro le canta
un mar de mapa.
Mi corazón
se llena de agua
con pececillos
de sombra y plata.

Me han traído una caracola.

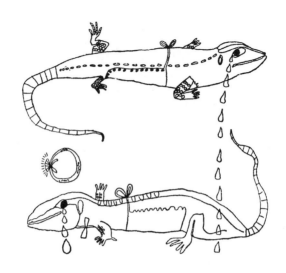

EL LAGARTO ESTÁ LLORANDO

A Mademoiselle Teresita Guillén
tocando un piano de siete notas

El lagarto está llorando.
La lagarta está llorando.

El lagarto y la lagarta
con delantalitos blancos.

Han perdido sin querer
su anillo de desposados.

¡Ay, su anillito de plomo,
ay, su anillito plomado!

Un cielo grande y sin gente
monta en su globo a los pájaros.

El sol, capitán redondo,
lleva un chaleco de raso.

¡Miradlos que viejos son!
¡Que viejos son los lagartos!

¡Ay cómo lloran y lloran,
¡ay!, ¡ay!, cómo están llorando!

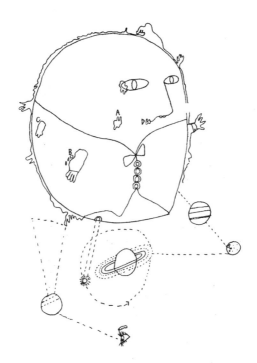

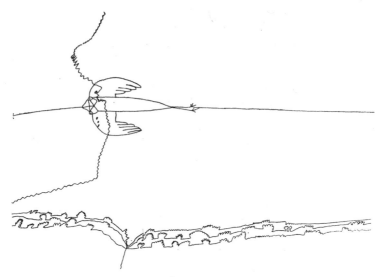

CANCIÓN CANTADA

En el gris,
el pájaro Griffón
se vestía de gris.
Y la niña Kikirikí
perdía su blancor
y forma allí.

    Para entrar en el gris
me pinté de gris.
¡Y cómo relumbraba
en el gris!

PAISAJE

A Rita, Concha, Pepe y Carmencica

La tarde equivocada
se vistió de frío.

Detrás de los cristales,
turbios, todos los niños,
ven convertirse en pájaros
un árbol amarillo.

La tarde está tendida
a lo largo del río.
Y un rubor de manzana
tiembla en los tejadillos.

En estas hojas en blanco puedes dibujar o escribir un poema.

Poemas, canciones
y
cantares populares

LA TARARA

La Tarara, sí;
la Tarara, no;
la Tarara, niña,
que la he visto yo.

Lleva mi Tarara
un vestido verde
lleno de volantes
y de cascabeles.

La Tarara, sí;
la Tarara, no;
la Tarara, niña,
que la he visto yo.

Luce mi Tarara
su cola de seda
sobre las retamas
y la hierbabuena.

Ay, Tarara loca.
Mueve la cintura
para los muchachos
de las aceitunas.

LOS REYES DE LA BARAJA

Si tu madre quiere un rey,
la baraja tiene cuatro:
rey de oros, rey de copas,
rey de espadas, rey de bastos.

Corre que te pillo,
corre que te agarro,
mira que te lleno
la cara de barro.

Del olivo
me retiro,
del esparto
yo me aparto,
del sarmiento
me arrepiento
de haberte querido tanto.

TENGO LOS OJOS PUESTOS

Tengo los ojos puestos
en un muchacho,
delgado de cintura,
moreno y alto.
A la flor,
a la pitiflor,
a la verde oliva,
a los rayos del sol
se peina la niña.

CANCIÓN DE JINETE

Córdoba.
Lejana y sola.

Jaca negra, luna grande,
y aceitunas en mi alforja.
Aunque sepa los caminos
yo nunca llegaré a Córdoba.

Por el llano, por el viento,
jaca negra, luna roja.
La muerte me está mirando
desde las torres de Córdoba.

¡Ay qué camino tan largo!
¡Ay mi jaca valerosa!
¡Ay que la muerte me espera,
antes de llegar a Córdoba!

Córdoba.
Lejana y sola.

ARBOLÉ ARBOLÉ

Arbolé arbolé
seco y verdé.

La niña del bello rostro
está cogiendo aceituna.
El viento, galán de torres,
la prende por la cintura.
Pasaron cuatro jinetes,
sobre jacas andaluzas
con trajes de azul y verde,
con largas capas oscuras.
«Vente a Córdoba, muchacha.»
La niña no los escucha.
Pasaron tres torerillos
delgaditos de cintura,
con trajes color naranja
y espada de plata antigua.
«Vente a Sevilla, muchacha.»
La niña no los escucha.
Cuando la tarde se puso
morada, con luz difusa,
pasó un joven que llevaba
rosas y mirtos de luna.

«Vente a Granada, muchacha.»
Y la niña no lo escucha.
La niña del bello rostro
sigue cogiendo aceituna,
con el brazo gris del viento
ceñido por la cintura.

　　Arbolé arbolé,
seco y verdé.

LA LOLA

Bajo el naranjo lava
pañales de algodón.
Tiene verdes los ojos
y violeta la voz.

¡Ay, amor,
bajo el naranjo en flor!

El agua de la acequia
iba llena de sol,
en el olivarito
cantaba un gorrión.

¡Ay, amor,
bajo el naranjo en flor!

Luego, cuando la Lola
gaste todo el jabón,
vendrán los torerillos.

¡Ay, amor,
bajo el naranjo en flor!

ADELINA DE PASEO

La mar no tiene naranjas,
ni Sevilla tiene amor.
Morena, qué luz de fuego.
Préstame tu quitasol.

Me pondrá la cara verde
—zumo de lima y limón—,
tus palabras —pececillos—
nadarán alrededor.

La mar no tiene naranjas.
Ay, amor.
¡Ni Sevilla tiene amor!

GALAN

Galán,
galancillo.
En tu casa queman tomillo.

Ni que vayas, ni que vengas,
con llave cierro la puerta.

Con llave de plata fina.
Atada con una cinta.

En la cinta hay un letrero:
«Mi corazón está lejos.»

No des vueltas en mi calle.
¡Déjasela toda al aire!

Galán,
galancillo.
En tu casa queman tomillo.

HOSPICIO

Y las estrellas pobres,
las que no tienen luz,
¡qué dolor,
qué dolor,
qué pena!,
están abandonadas
sobre un azul borroso.

¡Qué dolor,
qué dolor,
qué pena!

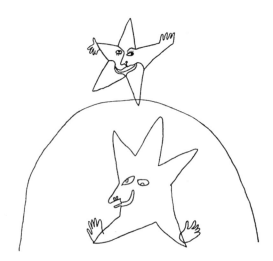

RECUERDO

Doña Luna no ha salido.
Está jugando a la rueda
y ella misma se hace burla.
Luna lunera.

UNA

Aquella estrella romántica
(para las magnolias,
para las rosas).
Aquella estrella romántica
se ha vuelto loca.
Balalín,
balalán.
(Canta, ranita,
en tu choza
de sombra.)

DOS LUNAS DE TARDE

1

A Laurita, amiga de mi hermana

La luna está muerta, muerta:
pero resucita en la primavera.

Cuando en la frente de los chopos
se rice el viento del Sur.

Cuando den nuestros corazones
su cosecha de suspiros.

Cuando se pongan los tejados
sus sombreritos de yerba.

La luna está muerta, muerta:
pero resucita en la primavera.

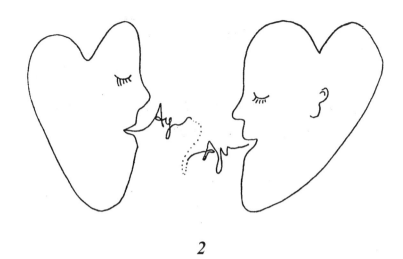

2

A Isabelita, mi hermana

La tarde canta
una *berceuse* a las naranjas.

Mi hermanita canta:
La tierra es una naranja.

La luna llorando dice:
Yo quiero ser una naranja.

No puede ser, hija mía,
aunque te pongas rosada.
Ni siquiera limoncito.
¡Qué lástima!

CORREDOR

Por los altos correrdores
se pasean dos señores

    (Cielo
    nuevo.
    ¡Cielo
    azul!)

... se pasean dos señores
que antes fueron blancos monjes

    (Cielo
    medio.
    ¡Cielo
    morado!)

... se pasean dos señores
que antes fueron cazadores

    (Cielo
    viejo.
    ¡Cielo
    de oro!)

... se pasean dos señores
que antes fueron...
Noche.

PRIMERA PÁGINA

A Isabel Clara, mi ahijada

Fuente clara.
Cielo claro.

¡Oh, cómo se agrandan
los pájaros!

Cielo claro.
Fuente clara.

¡Oh, cómo relumbran
las naranjas!

Fuente.
Cielo.

¡Oh, cómo el trigo
es tierno!

Cielo.
Fuente.

¡Oh, cómo el trigo
es verde!

CORTARON TRES ÁRBOLES

A Ernesto Halffter

Eran tres.
(Vino el día con sus hachas.)
Eran dos.
(Alas rastreras de plata.)
Era uno.
Era ninguno.
(Se quedó desnuda el agua.)

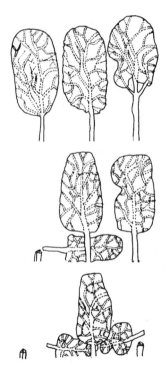

CAMPANA

BORDÓN

En la torre
amarilla,
dobla una campana.

Sobre el viento
amarillo,
se abren las campanadas.

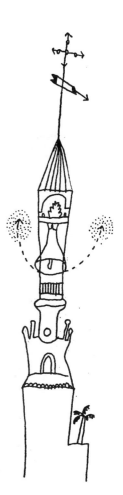

En la torre
amarilla,
cesa la campana.

El viento con el polvo,
hace proras de plata.

AGUA, ¿DÓNDE VAS?

Agua, ¿dónde vas?

Riyendo voy por el río
a las orillas del mar.

Mar, ¿adónde vas?

Río arriba voy buscando
fuente donde descansar.

Chopo, y tú ¿qué harás?

No quiero decirte nada.
Yo... ¡temblar!

¿Qué deseo, qué no deseo,
por el río y por la mar?

(Cuatro pájaros sin rumbo
en el alto chopo están.)

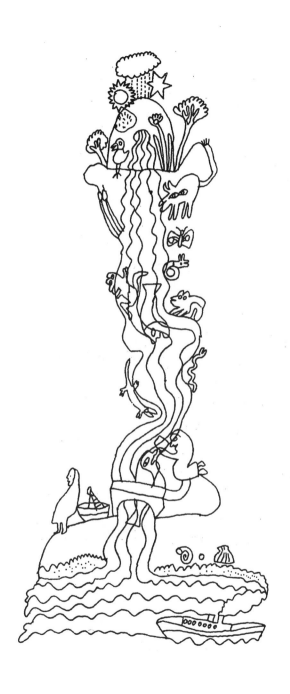

CAZADOR

¡Alto pinar!
Cuatro palomas por el aire van.

Cuatro palomas
vuelan y tornan.
Llevan heridas
sus cuatro sombras.

¡Bajo pinar!
Cuatro palomas en la tierra están.

PAISAJE

El campo
de olivos
se abre y se cierra
como un abanico.
Sobre el olivar
hay un cielo hundido
y una lluvia oscura
de luceros fríos.
Tiembla junco y penumbra
a la orilla del río.
Se riza el aire gris.
Los olivos,
están cargados
de gritos.
Una bandada
de pájaros cautivos,
que mueven sus larguísimas
colas en lo sombrío.

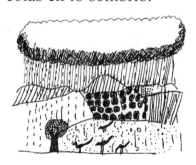

BALADA AMARILLA

En lo alto de aquel monte
hay un arbolito verde.

Pastor que vas,
pastor que vienes.

Olivares soñolientos
bajan al llano caliente.

Pastor que vas,
pastor que vienes.

Ni ovejas blancas ni perro
ni cayado ni amor tienes.

Pastor que vas.

Como una sombra de oro,
en el trigal te disuelves.

Pastor que vienes.

AGOSTO

Agosto.
Contraponientes
de melocotón y azúcar,
y el sol dentro de la tarde,
como el hueso en una fruta.

La panocha guarda intacta
su risa amarilla y dura.

Agosto.
Los niños comen
pan moreno y rica luna.

MARIPOSA

Mariposa del aire,
qué hermosa eres,
mariposa del aire
dorada y verde.
Luz del candil,
mariposa del aire,
¡quédate ahí, ahí, ahí!...
No te quieres parar,
pararte no quieres.
Mariposa del aire
dorada y verde.
Luz de candil,
mariposa del aire,
¡quédate ahí, ahí, ahí!...
¡Quédate ahí!
Mariposa, ¿estás ahí?

CUANDO SE ABRE EN LA MAÑANA

Cuando se abre en la mañana
roja como sangre está;
el rocío no la toca
porque se teme quemar.
Abierta en el mediodía
es dura como el coral,
el sol se asoma a los vidrios
para verla relumbrar.
Cuando en las ramas empiezan
los pájaros a cantar
y se desmaya la tarde
en las violetas del mar,
se pone blanca, con blanco
de una mejilla de sal;
y cuando toca la noche
blanco cuerno de metal
y las estrellas avanzan
mientras los aires se van,
en la raya de lo oscuro
se comienza a deshojar.

En esta hoja en blanco puedes dibujar la flor de que habla el poeta

VALS EN LAS RAMAS

Cayó una hoja
y dos
y tres.
Por la luna nadaba un pez.
El agua duerme una hora
y el mar blanco duerme cien.
La dama
estaba muerta en la rama.
La monja
cantaba dentro de la toronja.
La niña
iba por el pino a la piña.
Y el pino
buscaba la plumilla del trino.
Pero el ruiseñor
lloraba sus heridas alrededor.

Y yo también
porque cayó una hoja
y dos
y tres.
Y una cabeza de cristal
y un violín de papel
y la nieve podría con el mundo
una a una
dos a dos
y tres a tres.
¡Oh duro marfil de carnes invisibles!
¡Oh golfo sin hormigas del amanecer!
Con el numen de las ramas,
con el ay de las damas,
con el croo de las ranas,
y el geo amarillo de la miel.
Llegará un torso de sombra
coronado de laurel.
Será el cielo para el viento
duro como una pared
y las ramas desgajadas
se irán bailando con él.
Una a una
alrededor de la luna,
dos a dos
alrededor del sol,
y tres a tres
para que los marfiles se duerman bien.

DE CASA EN CASA

Vámonos; de casa en casa
llegaremos donde pacen
los caballitos del agua.
No es el cielo. Es tierra dura
con muchos grillos que cantan,
con hierbas que se menean,
con nubes que se levantan,
con hondas que lanzan piedras
y el viento como una espada.
¡Yo quiero ser niño, un niño!

EL NIÑO MUDO

El niño busca su voz.
(La tenía el rey de los grillos.)
En una gota de agua
buscaba su voz el niño.

No la quiero para hablar;
me haré con ella un anillo
que llevará mi silencio
en su dedo pequeñito.

En una gota de agua
buscaba su voz el niño.

(La voz cautiva, a lo lejos,
se ponía un traje de grillo.)

TÍO-VIVO

A José Bergamín

Los días de fiesta
van sobre ruedas.
El tío-vivo los trae,
y los lleva.

Corpus azul.
Blanca Nochebuena.

Los días abandonan
su piel, como las culebras,
con la sola excepción
de los días de fiesta.

Estos son los mismos
de nuestras madres viejas.
Sus tardes son largas colas
de moeré y lentejuelas.

Corpus azul.
Blanca Nochebuena.

El tío-vivo gira
colgado de una estrella.
Tulipán de las cinco
partes de la tierra.

Sobre caballitos
disfrazados de panteras
los niños se comen la luna
como si fuera una cereza.

¡Rabia, rabia, Marco Polo!
Sobre una fantástica rueda,
los niños ven lontananzas
desconocidas de la tierra.

Corpus azul.
Blanca Nochebuena.

ESCUELA

MAESTRO
¿Qué doncella se casa
con el viento?

NIÑO
La doncella de todos
los deseos.

MAESTRO
¿Qué le regala
el viento?

NIÑO
Remolinos de oro
y mapas superpuestos.

MAESTRO
Ella ¿le ofrece algo?

NIÑO
Su corazón abierto.

MAESTRO
Decid cómo se llama.

NIÑO
Su nombre es un secreto.

*(La ventana del colegio tiene
una cortina de luceros.)*

En estas hojas en blanco puedes dibujar o escribir un poema.

Romances y poemas

LOS PELEGRINITOS

Hacia Roma caminan
dos pelegrinos,
a que los case el Papa,
porque son primos.

Sombrerito de hule
lleva el mozuelo
y la pelegrinita
de terciopelo.

Al pasar por el puente
de la Victoria
tropezó la madrina,
cayó la novia.

Han llegado a Palacio,
suben arriba
y en la sala del Papa
los desaniman.

Le ha preguntado el Papa
cómo se llaman.
Él le dice que Pedro
y ella que Ana.

Le ha preguntado el Papa
que qué edad tienen.
Ella dice que quince
y él diez y siete.

Le ha preguntado el Papa
de dónde eran.
Ella dice de Cabra
y él de Antequera.

Le ha preguntado el Papa
que si han pecado.
Él le dice que un beso
que le había dado.

Y la pelegrinita,
que es vergonzosa,
se le ha puesto la cara
como una rosa.

Y ha respondido el Papa
desde su cuarto:

¡Quién fuera pelegrino
para otro tanto!

Las campanas de Roma
ya repicaron
porque los pelegrinos
ya se casaron.

BALADA DE UN DÍA DE JULIO

Julio de 1919

Esquilones de plata
llevan los bueyes.

—¿Dónde vas, niña mía,
de sol y nieve?

—Voy a las margaritas
del prado verde.

—El prado está muy lejos
y miedo tienes.

—Al airón y a la sombra
mi amor no teme.

—Teme al sol, niña mía,
de sol y nieve.

—Se fue de mis cabellos
ya para siempre.

—¿Quién eres, blanca niña?
¿De dónde vienes?

—Vengo de los amores
y de las fuentes.

Esquilones de plata
llevan los bueyes.

—¿Qué llevas en la boca
que se te enciende?

—La estrella de mi amante
que vive y muere.

—¿Qué llevas en el pecho,
tan fino y leve?

—La espada de mi amante
que vive y muere.

—¿Qué llevas en los ojos,
negro y solemne?

—Mi pensamiento triste
que siempre hiere.

—¿Por qué llevas un manto
negro de muerte?

—¡Ay, yo soy la viudita,
triste y sin bienes,
del conde del Laurel
de los Laureles!

—¿A quién buscas aquí,
si a nadie quieres?

—Busco el cuerpo del conde
de los Laureles.

—¿Tú buscas el amor,
viudita aleve?
Tú buscas un amor
que ojalá encuentres.

—Estrellitas del cielo
son mis quereres,
¿dónde hallaré a mi amante
que vive y muere?

—Está muerto en el agua,
niña de nieve,
cubierto de nostalgias
y de claveles.

—¡Ay!, caballero errante
de los cipreses,

una noche de luna
mi alma te ofrece.

—¡Ah Isis soñadora!
Niña sin mieles,
la que en boca de niños
su cuento vierte.
Mi corazón te ofrezco.
Corazón tenue,
herido por los ojos
de las mujeres.

—Caballero galante,
con Dios te quedes.
Voy a buscar al conde
de los Laureles.

—Adiós, mi doncellita,
rosa durmiente,
tú vas para el amor
y yo a la muerte.

Esquilones de plata
llevan los bueyes.

Mi corazón desangra
como una fuente.

ROMANCE DE DON BOYSO

Camina Don Boyso
mañanita fría
a tierra de moros
a buscar amiga.
Hallóla lavando
en la fuente fría.
—¿Qué haces ahí, mora,
hija de judía?
Deja a mi caballo
beber agua fría.
—Reviente el caballo
y quien lo traía,
que yo no soy mora
ni hija de judía.
Soy una cristiana
que aquí estoy cautiva.
—Si fueras cristiana
yo te llevaría
y en paños de seda
yo te envolvería;
pero si eres mora
yo te dejaría.

Montóla a caballo
por ver qué decía;

en las siete leguas
no hablara la niña.
Al pasar un campo
de verdes olivas
por aquellos prados
qué llantos hacía.
—¡Ay prados! ¡Ay prados!
prados de mi vida.
Cuando el rey mi padre
plantó aquí esta oliva,
él se la plantara,
yo se la tenía,
la reina mi madre
la seda torcía,
mi hermano Don Boyso
los toros corría.
—¿Y cómo te llamas?
—Yo soy Rosalinda,
que así me pusieron
porque al ser nacida
una linda rosa
n'el pecho tenía.
—Pues tú, por las señas,
mi hermana serías.
Abra la mi madre
puertas de alegría,
por traerle nuera
le traigo su hija.

Romance de Don Boyso
Armonizado por Federico García Lorca

Con autorizacion de UNIÓN MUSICAL ESPANOLA, Editores, Mardrid (España)

TORRIJOS, EL GENERAL

Torrijos, el general
noble, de la frente limpia,
donde se estaban mirando
las gentes de Andalucía.

Caballero entre los duques,
corazón de plata fina,
ha sido muerto en las playas
de Málaga la bravía.

Le atrajeron con engaños
que él creyó, por su desdicha,
y se acercó, satisfecho
con sus buques, a la orilla.

¡Malhaya el corazón noble
que de los malos se fía!,
que al poner el pie en la arena
le prendieron los realistas.

El vizconde de La Barthe,
que mandaba las milicias,
debió cortarse la mano,
antes de tal villanía,
como es quitar a Torrijos
bella espada que ceñía,
con el puño de cristal,
adornado con dos cintas.

Muy de noche lo mataron
con toda su compañía.
Caballero entre los duques,
corazón de plata fina.

Grandes nubes se levantan
sobre tierra de Mijas.
El viento mueve la mar
y los barcos se retiran
con los remos presurosos
y las velas extendidas.

Entre el ruido de las olas
sonó la fusilería,
y muerto quedó en la arena,
sangrando por tres heridas,
el valiente caballero
con toda su compañía.

La muerte, con ser la muerte,
no deshojó su sonrisa.
Sobre los barcos lloraba
toda la marinería,
y las más bellas mujeres,
enlutadas y afligidas,
lo iban llorando también
por el limonar arriba.

SANTIAGO

(Balada ingenua)

25 de julio de 1918

(Fuente Vaqueros,
Granada)

Esta noche ha pasado Santiago
su camino de luz en el cielo.
Lo comentan los niños jugando
con el agua de un cauce sereno.

¿Dónde va el peregrino celeste
por el claro infinito sendero?
Va a la aurora que brilla en el fondo
en caballo blanco como el hielo.

¡Niños chicos, cantad en el prado
horadando con risas al viento!

Dice un hombre que ha visto a Santiago
en tropel con doscientos guerreros,
iban todos cubiertos de luces,
con guirnaldas de verdes luceros,
y el caballo que monta Santiago
era un astro de brillos intensos.

Dice el hombre que cuenta la historia
que en la noche dormida se oyeron
tremolar plateado de alas
que en sus ondas llevóse el silencio.

¿Qué sería que el río paróse?
Eran ángeles los caballeros.

¡Niños chicos, cantad en el prado
horadando con risas al viento!

Es la noche de luna menguante.
¡Escuchad! ¿Qué se siente en el cielo,
que los grillos refuerzan sus cuerdas
y dan voces los perros vegueros?

—Madre abuela, ¿cuál es el camino,
madre abuela, que yo no lo veo?

—Mira bien y verás una cinta
de polvillo harinoso y espeso,
un borrón que parece de plata
o de nácar. ¿Lo ves?
                    —Ya lo veo.

—Madre abuela. ¿Dónde está Santiago?

—Por allí marcha con su cortejo,
la cabeza llena de plumajes
y de perlas muy finas el cuerpo,
con la luna rendida a sus plantas,
con el sol escondido en el pecho.

Esta noche en la vega se escuchan
los relatos brumosos del cuento.

¡Niños chicos, cantad en el prado,
horadando con risas al viento!

Nota editorial

Las canciones, poemas, cantares populares y romances que aparecen en este libro han sido seleccionados entre toda la obra de García Lorca incluyendo su teatro. Así el poema titulado «Tengo los ojos puestos» pertenece a *Los títeres de Cachiporra;* «Mariposa» a *La zapatera prodigiosa;* «Cuando se abre en la mañana» a *Doña Rosita la soltera;* «De casa en casa» a *Así que pasen cinco años* y el romance «Torrijos, el general» a *Mariana Pineda.*

Todos los poemas conservan los títulos originales. En las canciones pertenecientes a las obras de teatro, la primera estrofa ha dado título al poema.

Todos los poemas se publican íntegros; sólo en algún caso excepcional se da una de las partes. De esta forma, de «Cuatro baladas amarillas» se ha seleccionado únicamente una, o de «Santiago. Balada ingenua», la primera parte del poema.

ÍNDICE

Prólogo 1

CANCIONES PARA NIÑOS

Canción china en Europa 7
Cancioncilla sevillana 9
Canción tonta 10
Caracola 11
El lagarto está llorando 12
Canción cantada 14
Paisaje 15

POEMAS, CANCIONES Y
CANTARES POPULARES

La Tarara 20
Los reyes de la baraja 21
Tengo los ojos puestos 22
Canción de jinete 23
Arbolé arbolé 24
La Lola 27
Adelina de paseo 28
Galán 30
Hospicio 31
Recuerdo 32

Una 33
Dos lunas de tarde 34
Corredor 36
Primera página 39
Cortaron tres árboles 40
Campana 41
Agua, ¿dónde vas? 42
Cazador 44
Paisaje 46
Balada amarilla 47
Agosto 48
Mariposa 49
Cuando se abre en la mañana 50
Vals en las ramas 52
De casa en casa 54
El niño mudo 55
Tío-vivo 56
Escuela 58

ROMANCES Y POEMAS

Los pelegrinitos 65
Balada de un día de julio 68
Romance de Don Boyso 74
Música del romance de Don Boyso 78
Torrijos, el general 80
Santiago. Balada ingenua 84

Nota editorial 88